architextbook Nr. 2

Werner Düttmann
Berlin ist viele Städte

CIP-Kurztitelaufnahme der Deutschen Bibliothek
Düttmann, Werner:
Berlin ist viele Städte / Werner Düttmann.
– Berlin: Archibook-Verlag, 1984.
(Architextbook; Nr. 2)
ISBN 3-88531-778-8
NE: GT

Archibook Verlagsgesellschaft mbH
Satz: Nagel Fototype, Berlin
Druck: Felgentreff & Goebel, Berlin
Buchbinderei: Heinz Stein, Berlin
Printed in Germany

Inhalt

Berlin ist viele Städte

Berlin ist viele Städte.

Diese gälte es zu beschreiben, wenn Zeit wäre, sie in ihrer Vielfalt zu erfassen, die sich aus Lage, Ursprung, Geschichte und ihren Menschen ergibt. Gemeint ist hier nicht nur das Nebeneinander von Berlin und Cölln, wo hier die Krämer, da die Fischer in der Mehrheit gewesen sein sollen, nicht nur der Unterschied zwischen Spandau und Köpenick, oder der von Pankow zu Friedenau. Gemeint ist vielmehr auch das Neben- und das Hintereinander der Inhalte: Fischerstadt, Handelsstadt, Residenzstadt, Zeitungsstadt, Industriestadt, Stadt des Dünkels und der Demut, der Machtergreifung und des Widerstandes, Kunststadt, Hauptstadt, Halbstadt. Dieses Hintereinander und Nebeneinander wiederum spiegelt Kraft oder Ohnmacht der Zuwanderer und der Ansässigen (das waren die früher Zugewanderten), Stadtinhalte zu bestimmen oder zu verändern. Viele Konzepte und Versuche, Pläne und Taten ereigneten sich in Zugriff und Widerstand, doch selbst da, wo der große Wurf probiert wurde, wehte der Wind etwas Sand durch die schlecht gepflasterten Straßen.

1828 schrieb Heinrich Heine:

„Berlin ist gar keine Stadt, sondern Berlin gibt bloß den Ort dazu her, wo sich eine Menge Menschen, und zwar darunter viele Menschen von Geist, versammeln, denen der Ort ganz gleichgültig ist; diese bilden das geistige Berlin. Der durchreisende Fremde sieht nur die langgestreckten uniformen Häuser, die langen breiten Straßen, die nach der Schnur und meistens nach dem Eigenwillen eines einzelnen gebaut sind und keine Kunde geben von der Denkweise der Menge. Es sind wahrlich mehrere Flaschen Poesie dazu nötig, wenn man in Berlin etwas anderes sehen will als tote Häuser und Berliner. Hier ist es schwer Geister zu sehen. Die Stadt enthält so wenig Altertümlichkeit, und ist so neu; und doch ist dieses Neue schon so alt, so welk und abgestorben. Denn sie ist größtenteils nicht aus der Gesinnung der Masse, sondern einzelner entstanden. Der große Fritz ist unter diesen Wenigen der Vorzüglichste; was er vorfand, war nur feste Unterlage, erst von ihm erhielt die Stadt ihren eigentlichen Charakter, und wäre seit seinem Tode nichts mehr daran gebaut worden, so bliebe sie ein historisches Denkmal von dem Geiste jenes prosaisch wundersamen Helden, der die raffinierte Geschmacklosigkeit und blühende Verstandesfreiheit, das Seichte und das Tüchtige seiner Zeit recht deutschtapfer in sich ausgebildet hatte ..."

Mir scheint, hieraus ließe sich etwas ableiten, das Liebe oder zumindest Zuneigung erklärt. Seinen Ort gefunden haben, wie Heine ihn meint, bedeutet noch lange nicht Stadt, wie wir sie verstehen. Ort kann stattfinden auch in der Stadt, Stadt muß noch lange nicht Ort sein, wo man sich niederläßt im Gemüt oder in den man hineinwächst. Es wäre also denkbar, daß es Orte gibt, mit denen man sich anfreundet (auch in einer Stadt), aber auch Städte, die keinen Ort hergeben, zu sein. Berlin, im Sinne von Heines Bemerkung, ist viele Orte. Wobei ich verstehe, Ort ist nicht Stadtkrone oder anderes Spektakuläres, sondern eher etwas Unscheinbares, aber gerade ohne Vorgabe Erfüll- und Benutzbares, Stätte für Zuflucht und Versteck und für Freiheit und Entfaltung zugleich.

Heine spricht vom Ort, wo sich eine Menge Menschen versammeln, denen der Ort ganz gleichgültig ist. Man könnte also die Behauptung, Berlin ist viele Städte, modifizieren in: Berlin ist viele Orte, Orte, die den Menschen, die sich darin versammeln, als Raum nicht bewußt werden. Wenn diese Orte gleichgültig sind, das heißt doch wohl auch alle als gleich gelten, ohne besondere Physiognomie zum Beispiel, muß ihnen eine andere Kraft innewohnen, die sie bedeutsam macht für die vielen, die sich hier versammeln. Bedeutung und Erscheinung klaffen offenbar so weit auseinander, daß Heine keine Stadt erkennt.

Stadtgestaltung als Lehre faßt Bedeutung und Erscheinung in eins. Das unwichtige Geschehen sei das Unsichtbare im Stadtbild, der wichtigste Ort für die Interessen der Stadt: Schloß, Rathaus oder Markt sei auch der wichtigste, das heißt anspruchsvollste Raum, groß, mächtig, weithin erkennbar. In Berlin, so empfindet es Heine, so empfindet man es heute auf Schritt und Tritt, gibt es diese Übereinstimmung kaum. Der Ort erhält hier seine Bedeutung durch das, was in ihm geschieht, und das Geschehen ist es, was ihn auszeichnet vor allem anderen, was man von ihm weiß; der Zusammenhang, der dem Geschehen Raum gibt, wehrt sich fast gegen seine Bedeutung, verhüllt, versteckt sie, setzt sich über sie hinweg. Mir scheint, hier enthüllt sich ein Phänomen, das diese Stadt so anders auf uns wirken läßt als andere europäische Städte, und das ist der in vielen Bereichen fast bis zur völligen Achtlosigkeit gegenüber dem äußeren Erscheinungsbild getriebene Verzicht auf Repräsentation. Deshalb darf hier die Unterscheidung versucht werden zwischen Ort und Raum zur Beschreibung und zum möglichen Verständnis der Stadt und ihrer Gestalt: Ort ist, was die Bedeutung eines Geschehens aufnimmt, Raum ist das, was Bedeutsamkeit sichtbar machen kann.

Berlin ist viele Orte, Berlin hat wenig Räume. Viele bedeutsame Stadtinhalte müssen sich mit ihrem Vorhandensein begnügen und treten nicht im Stadtbild in Erscheinung. Ja, es scheint Methode zu sein, sie im Hinterhof zu verstecken, im zweiten Glied hinter den Mietskasernen. Man mußte ein Wohnhaus durchschreiten, um in der Bernburger Straße die Philharmonie zu finden, in der die berühmtesten Dirigenten der Zeit an ihr Pult traten, wie im Nebenhaus der Schlosser an seinen Schraubstock. Im Hinterhof standen das Deutsche Theater und die Kammerspiele in der Schumannstraße, wo Max Reinhardt Theatergeschichte machte, stand der Sportpalast, in dem der Sportpalastwalzer und der totale Krieg Geschichte wurden, im Hinterhof stehen noch die Theater am Kurfürstendamm und steht, wenn man so will, der Funkturm – man vergleiche seine Situation mit der des Eiffelturms in Paris.

Es mutet hier schon wie ein Privileg an, wenn solche Stadtinhalte, die zugleich Bedeutungsträger des jeweiligen Ortes sein könnten, ins erste Glied geraten und sich einreihen dürfen in die langen Fronten der Wohnhäuser. Stadtraum wird ihnen selten gewährt, es genügt, daß sie da sind, die Kirchen in der Straßenfront, die Rathäuser, die sich einreihen, selbst das sich so stolz gebärdende Kriminalgericht in Moabit. Die in die erste Reihe vorgerückten Theater spielen Wohnhaus und wollen die Straße nicht stören, wie das Hebbel- und das Renaissancetheater, die Schaubühne am Halleschen Ufer ist gar nicht erst Theater.

Die Unlust oder das Unvermögen, mit bedeutungsvollen Bauinhalten städtischen Freiraum im Sinne von Stadtinnenraum zu schaffen, reicht bis in unsere Zeit. Die Rathauserweiterung und die Neubauten der Ingenieurschulen im Wedding schaffen keinen Raum, sondern stehen als Denkmäler sich wandelnder Bauauffassung die Straße entlang. Das gilt allerdings auch für de Schinkelkirche vis à vis, die auf zu großem Platz still vor sich hinsteht. Die neue Deutsche Oper Berlin steht wie eh und je in der Reihe der Häuserfronten an der zu großen Parade straße, die Champs Elysées werden wollte, aber mangels Tuilerien und Arc de Triomphe und anderer Dinge nicht konnte. Ohne die Plastik Uhlmanns erführe man nicht, daß hier ein besonderer Ort sei. Die Volksbühne spielt Versteck hinter dem Joachimsthalschen Gymnasium, die Akademie der Künste im Hansaviertel. Das gleiche gilt für das Völkerkundemuseum in Dahlem, vom Brückemuseum ganz zu schweigen. Doch auch dies ist Berlin – auch die Preußische Akademie hatte sich eingereiht in die Häuserwand des Pariser Platzes. Die Reihe ließe sich fortsetzen. Fragt sich nur, sprechen wir von verpaßten Gelegenheiten urbaner Stadtgestaltung, oder ist es ein Teil des Genius Loci, die Dinge wie beiläufig zu behandeln, ist es eine andere Urbanität, kein großes Aufheben darum zu machen, daß hier oder da so ein Ort ist, der sich wie zufällig ansiedelt und erst in seiner Wirksamkeit Bedeutung erhält.

Ich habe es oft beklagt, daß Berlin seinen Fluß so wenig zur Kenntnis nimmt. Zur Spree wurde kaum eine Wasserfront entwickelt, daß man sich ihrer erfreuen könnte, wie in Lyon der Rhone oder in Paris der Seine oder in Amsterdam oder in London. Man kehrte ihr den Rücken zu und baute sie ein, sie wurde Transportband für Unrat und Abwasser. Selbst ein kultureller „Ort" wie das Pergamon-Museum, in dem man Stadtbaukunst vergangener Kulturen mit großer Liebe präsentiert, nimmt sie kaum zur Kenntnis. Die Spree wird den Blicken entzogen, fließt verborgen durch die Stadt, geschändet und mißbraucht. Und dennoch, wer weiß, vielleicht ist es gerade dies, worum wir sie lieben, wenn sie plötzlich sich darbietet und zum geheimnisvollen Inhalt eines Ortes wird, an dem wir ihr begegnen:

Auf der Brücke zum Beispiel, am Bahnhof Friedrichstraße, inmitten der faszinierenden Unordnung von Bahnhof, Großem Schauspielhaus, Admiralspalast und Lichtreklame – damals – oder unter der Brücke, wo in all dem Chaos im Herbst und im Winter die Kähne lagen mit den roten Äpfeln von weither aus Werder oder dem Spreewald. Berlins Verhältnis zur Spree ist ähnlich rätselhaft wie das zu seinen Inhalten. Der Reichtum ist enorm, die Orte sind versteckt – meist unscheinbar, man muß sie suchen.

Nun gab es doch aber immer wieder bedeutende Versuche, der Stadt Gestalt zu geben. Wir denken an das Forum Friderizianum, an Carré, Oktogon und Rondell, jene durch Jahrhunderte stadtbestimmenden Eingangsräume am Rande der Friedrichstadt, an die Wirksamkeit bedeutender Männer wie Schlüter, Knobelsdorff, Schinkel und Lenné, deren Leistung diese Stadt in ihrem Herzraum prägte. Hiervon wird aus kompetenterer Sicht noch die Rede sein als von Sternstunden. Denn solche waren es ohne Zweifel, als sich königlicher Wille mit begnadeten Künstlern zusammenfand, Ort und Zeit unverwechselbar darzustellen. Bei Schinkel wurde die märkische Schwere, die Kargheit Preußens dem Humanismus vermählt, entstand Welt, die Berlin zur Weltstadt vorbereitete, hätten es nicht die Kaiser, die den Königen folgten, und der, der den Kaisern folgte, vertan. Aber selbst diesen Veränderungen gegenüber bestand noch immer die von Heine nicht erkannte Stadt, die nur den Ort hergab für die vielen, die von überall hergekommen waren und sich hier versammelt hatten. Die ersten waren zu Fuß gekommen, weil die Eisenbahn, die dann die Hunderttausenden brachte, zu spät erfunden wurde, die Hugenotten, die Schlesier, die Polen, die Salzburger, die Juden und die Schwaben, alle waren gekommen und hatten sich eingerichtet in den Kietzen oder Orten. Zur Zeit kommen die Griechen, die Türken, die Jugoslaven und die wohlstandsüberdrüssigen Kinder der Bundesbürger und richten sich ein in den übriggebliebenen Häusern, die „bloß den Ort dazu hergeben".

Berlin ist nicht nur deshalb viele Städte, weil die Siedlerwellen von überall herkamen, sondern weil deren Ziele divergierten: die einen wollten ihr Handwerk betreiben – andere ihre Kunst – die dritten um jeden Preis ihr Geschäft –; es gab auch, wie überall, die Neuerer und solche, die gerade dies nicht waren und nicht wollten. Die Fischer wollten fischen und schufen den Fischerkietz, die Händler wollten handeln und schufen einen Handelsplatz, die Leineweber schufen eine saubere Zunft, und die Schiffbauer den Schiffbauerdamm. Kurz, es entstanden viele Stadtgebiete aus den unterschiedlichsten Interessen. Aber jede dieser Interessen bedarf der Stadt als Organisation.

Organisaton der Verschiedenartigkeit aber ist zunächst rational, sie muß viele Sprachen sprechen und verstehen. Deshalb ist es verständlich, daß Wilhelm Hausenstein in seinem Buch Europäische Hauptstädte 1932 fragt: „Steht Berlin überhaupt in irgendeinem Gefühl. Steht es überhaupt in irgendeinem gemütlichen Grund?"

Die Antwort lautet: Ja, trotzdem! Denn inmitten all der Zurückhaltung gegenüber stadträumlich anspruchsvoller Selbstdarstellung, die mit den erwähnten Ausnahmen selten genug gelang – selbst der Gendarmenmarkt ist trotz seiner Architektur eher ein Gegenbeispiel –, glückten einige schöne Raum- und Platzgestaltungen da, wo es nicht um die Repräsentanz ging, sondern darum, Wohnviertel durch Abfolgen von Straßen und Plätzen schöner, erlebbarer, kurz, bewohnbarer zu machen. Und das nicht nur im dichten steinernen Bereich von Kreuzberg (Heinrichsplatz, Mariannenplatz, Chamissoplatz etc.), sondern auch in den „Vororten" wie Steglitz, Friedenau und anderen, bis hinaus in die Gartenstädte von Lichterfelde, Westend und Frohnau. In Frohnau vereint der Zeltinger Platz – allerdings als Gartenraum – den Bahnhof und die Kirche, die Post und das Cafe neben und zwischen den Häusern und den Gärten der Bürger zu einem städtebaulichen Ensemble, das sich trotz der Belanglosigkeit einzelner Bauobjekte der Erinnerung mitteilt.

Ich kenne neben dem Wohnen nur ein Thema, bei dem in Berlin noch im 19. Jahrhundert der Anspruch auf Selbstdarstellung gelang und das der Stadt eine räumliche Dimension sowohl als auch eine architektonische Qualität hinzufügte: die Eisenbahn, und mit ihr in einzelnen Bereichen die Industrie.

Die Eisenbahn, deren einem Erdbeben gleiche Dynamik über die Städte hereinbrach, die ganze Stadtquartiere zum Einsturz brachte und mehr Flächen fraß, als später die Autobahn, die Unordnung schuf und Chaos, schuf zugleich eine neue Dimension, Berlin zu sehen: Berlin von hinten. Berlin, das seine „schöne" Seite seit eh und je der Straße zugewandt hatte, ob diese nun im Norden oder im Süden der Fenster lag, in denen die Bürger mit Ellenbogen auf den Kissen lagen, um zu sehen, ob etwas geschehe; dieses Berlin gab die Eisenbahn nun von hinten zur Besichtigung frei. Und was man da sehen konnte, war so unterhaltsam, daß immer mehr mit der Eisenbahn kamen, um hier zu bleiben.

Aber ich meine, nicht nur die Schienenwege und ihre harte Romantik und Vitalität zugleich, wenn schon auch diese. Wo könnte man intensiver den Pulsschlag vergangener Zeit ermessen als in dem schaurig schönen Stück Kolonnenstraße unter den unzähligen eisernen Brücken, über die einst die Züge fuhren, donnernd und ohne Ende. Und dabei waren dies nur jene zum Anhalter oder Potsdamer Bahnhof. Ich meine aber auch vor allem die Bahnhöfe. Diese fanden fast überall Gestalt und Ausdruck und die ihnen jeweils angemessene Größe. Sie bildeten nicht nur den Ort, sondern prägten den Raum in der Stadt, wo immer sie standen. Es gelang ihren Erbauern, ihre Bedeutung angemessen zur Wirkung zu bringen, sei's mit dem Anhalter Bahnhof von Schwechten oder dem Potsdamer, dem Görlitzer, dem Stettiner, dem Schlesischen, dem Lehrter, dem Hamburger Bahnhof. Sie waren Kopfbahnhöfe zumeist. Hier endeten die Züge. Hier stieg man aus und war da, war in Berlin, sie waren auf andere Art lauter Brandenburger Tore. Und man sah es ihnen immer noch an, lange danach. Ich meine aber nicht nur diese Fürsten unter den Bahnhöfen. Ich meine auch die skurrile Hochbahnstation am Schlesischen Tor und alle die anderen am Kottbusser, Halleschen und welchem Tor auch immer bis weit hinaus zu den Stationen der S-Bahn in den Vororten wie dem Bahnhof Lindenthaler Allee oder dem in Frohnau.

Ein anderer Einbruch, alles verändernd und dennoch außerhalb des imperialen Zwanges zur Selbstdarstellung kam mit der Eisenbahn einher: das unvorhergesehene und unaufhaltsame Wachstum der Industrie, auch diese schuf nicht nur Orte, wo sich viele Menschen versammeln, sondern Orte zugleich von stadt- und raumprägender Kraft:

Borsig in Tegel, die AEG, deren Turbinenhallen von Peter Behrens Baugeschichte machten; Siemensstadt oder Klingenberg.

Was bedeutet dies nun alles? Repräsentation gelang also vor allem da, wo sie nicht eigentlich gemeint war, im Ordnen oder Gliedern oder Strukturieren, wie immer man es nennen will, der Wohnbereiche, in denen die Plätze ein Stück „gute Stube Stadt" wurden, oder da, wo wirkliche Vitalität sich Raum schuf, wie beim Bau der Eisenbahn und der Industrie, Vitalität von gleichermaßen zerstörerischer wie schöpferischer Kraft, die zwar das schöne Lennésche Stadtkonzept verdirbt, der Stadt zum Ausgleich aber anderes hinzufügt.

Wirkliche Vitalität aber ist das zunächst Unplanbare, für das wir planen müssen. Unsere Aufgabe ist also absurd. Absurd ist sie auch in der historischen Dimension, im Bewahren der überkommenen Orte und Räume, die wir lieben; denn wir bewahren sie nur, indem wir in ihnen leben, das heißt, indem wir sie verändern, doch wie bewahren wir verändernd, wie verändern wir bewahrend?

Schleift den alten Bahnhof, in den kein Zug mehr einläuft und macht einen Park, wenn ihr einen Park braucht, oder schleift den Park für ein Schwimmbad, wenn ihr es braucht, oder erhaltet den alten Bahnhof, in den kein Zug mehr einläuft, und baut ein Schwimmbad hinein, und einen Park darum auf die Gleisanlagen, auf denen kein Zug fährt, oder laßt die Züge von gestern hin und her fahren für die Kinder. Oder besser, macht einen Bahnhof und ein Schwimmbad, durch das die Züge von damals fahren auf den Gleisen von damals, auf denen heute die Bäume wachsen und den Park vorbereiten von morgen auf den Gleisen von damals. Am Anhalter Bahnhof zum Beispiel, wo kein Zug mehr anhält – wo nichts anhält außer der Zeit. Wo aber die Zeit nicht anhalten darf. Also: „modernisieren" oder auf irgendeine andere, stets angreifbare Art weiterleben mit dem abgerissenen, erhaltenen, umfunktionierten Bahnhof von gestern, der längst von allen guten Zügen verlassen ist, mit dem man aber Geschichte erklären kann Zug um Zug.

Wenn wir Berlin betreffend Begriffe abfragen wie Stadt, Raum, Ort, Mitte, so bietet sich ein verwirrendes Bild. Mitte wann? Mitte wo? Der U-Bahnhof Stadtmitte, der diese Stelle kennzeichnen sollte, liegt zweifellos in der Mitte von einst. Wer heute die Mitte sucht, muß gut zu Fuß sein. Denn der Gang durch die Mitte ist zum langen Marsch geworden. Dies ist nicht polemisch gemeint, sondern nimmt eine Tatsache zur Kenntnis, die im Wesen und in der Entwicklung Berlins ihren Ursprung und ihre Begründung findet. Schon ehe die alte Stadtmitte uns durch die Teilung der Stadt unzugänglich wurde, hatten sich andere Stadtmitten – besondere Bedeutung für besondere Bedürfnisse – entwickelt, war längst des Spreetals eine Perlenschnur von Stadtinhalten entstanden, die Anfang der sechziger Jahre mit dem nicht ganz glücklichen Wort Kulturband bezeichnet wurde, jene Folge kultureller Institutionen, die im Osten etwa mit dem Märkischen Museum beginnt und sich im Westen bis zum Charlottenburger Schloß hinzieht. Diese weitgespannte „Mitte" fand schon im 19. Jahrhundert in der Lennéschen Planung ihre sinnvolle Entsprechung, z. B. im sogenannten „Generalszug" der als eine nach Süden verlagerte zweite Kraftlinie durch die „Mitte" verstanden werden kann. In ihr wird der Landwehrkanal sozusagen zur zweiten Spree. So ist es logisch, daß sich hier teils in der noch verbliebenen historischen Substanz, teils neu errichtet wiederum jene Stadtinhalte ansiedeln, die über den engeren Umkreis Bedeutung haben oder gewinnen können: Vom Künstlerhaus Bethanien in Kreuzberg über das neue Kreuzberger Zentrum (Kottbusser Tor), den alten Bellealliance – und heutigen Mehringplatz – zum Schwerpunkt Kemper Platz mit der Staatsbibliothek, der Philharmonie, der Neuen Nationalgalerie, den abendländischen Sammlungen der ehemals preußischen Museen — von dort über den Standort des Bauhausarchivs bis hin zu dem Komplex der Technischen Universität und der Hochschule der Künste.

Es müßte einer kommen, der neue Worte weiß, die exakt das ausdrücken, was wir noch nicht wissen, das sich aber als unsere Erkenntnis oder das Wissen vor morgen nebelhaft in uns zusammenschiebt und vorbereitet. Die gelernten Begriffe sind verbraucht und in der Sonne des Sicherseins brüchig geworden.

„Die alten Fragen, die alten Antworten", schreibt Beckett; fragt sich nur wie alt? Wenn sie alt genug sind, muten sie schon fast wieder neu an. Sicher ist es kein Zufall, daß beim städtebaulichen Ideenwettbewerb für die Neuordnung des Gebiets südlich des Tiergartens eine Reihe von Projekten vorgelegt und auch prämiert wurde, bei denen der alte Berliner Baublock wiederkehrt, der hinter dem Wohnrand in seinem Inneren Platz bietet für die unterschiedlichsten Bedürfnisse. Offenbar ist es leichter, den Großvätern gerecht zu werden als den Vätern.

Aber auch deren Gedanken werden eine Chance haben, verstanden zu werden, wenn unsere Söhne groß sind. Wir sollten nicht zögern, das Unsrige zu tun. Wir sollten zögern.

Brief aus Hannover am 10.3.1976

Hannover ist dabei, letzte Hand anzulegen, dann ist der Wiederaufbau vollendet: Das Alte wieder da, das Neue angepaßt und schön und unentrinnbar praktisch. Der Landesvater reitet noch immer vom Bahnhof weg in die Stadt hinein – in Bronze –, nur daß sich zu Füßen (oder richtiger zu Hufen) seines Pferdes jetzt eine breite Treppe in den Untergrund auftut, damit weder er noch die liebenden Landeskinder von der noch immer existierenden Straßenbahn überfahren werden. Er wird es meistern, wenn auch zunächst verwirrt von Perfektion und Design. Aber dennoch, es ist hier – wie auch in Stuttgart z. B. – alles besser, sicherer, fußgängergerechter geworden – und auch der Kunst vergaß man nicht.

Was aber – zum Teufel – haben wir vergessen, daß es dennoch so traurig macht? Ist es nur dies, daß ich in dieser Stadt nie wieder jung sein werde wie damals in den Trümmern?

Aber sieh', wir begegnen uns vornehm und wir schreiten gemächlich durch die tägliche Langeweile. Das Pflaster, auf dem wir gehen, ist mit Sorgfalt gesetzt, und über die Schaufenster, die uns überall umfangen, könnte selbst der Werkbund nicht meckern. Die Lampen tragen gutes Design, und die alten Fassaden sind mit Sorgfalt, Geld und Geschmack dem Leben wiedergegeben, welchem Leben? Die alte Kirche hat eine neue Turmspitze, die von Einfühlsamkeit zeugt. Das neue Kaufhaus beweist Takt dem alten Rathaus gegenüber – man kann wirklich nicht mekkern – doch sage mir, warum ich, auch ehe der Mond über den altneuen Dächern erscheint, immer an Heinrich Heines Lied denken muß, das in unseren Schulbüchern stand unter »altes Volkslied« (Dichter unbekannt), jenes Lied, das anhebt mit: Ich weiß nicht was soll es bedeuten, daß ich so trau-au-rig bin. Als die Ruinen noch Trümmer waren, hatten wir Hoffnung auf eine andere Welt.

Entwurf einer Antwort an einen Bauherrn, das Urteil von Sachverständigen und die Verletzlichkeit eines Entwurfs betreffend

Lieber Bauherr,

Eine hilfreiche Antwort auf Ihr Schreiben vom 16. Okt. 75 den Absatz V. 3. des Beweisbeschlusses betreffend zu finden, fällt mir schwer. Was der Herr Sachverständige als das „kleinste Übel" bezeichnet, nämlich einen Farbanstrich über die misslungene Betonoberfläche zu ziehen, sieht offensichtlich er selbst auch immer noch als ein Übel an, wenn seiner Meinung nach auch als das kleinste.

Ich aber erachte diese Art, Mängel zu beseitigen, als ein großes Übel, weil es den lebendigen, dem Naturstein verwandten Werkstoff Beton verkleistert und somit zur Leblosigkeit der Oberfläche führt. Die vielen angestrichenen Betonbauten, die wie traurige Pappkartons aussehen, sind es, die den Beton als Werkstoff bei uns in Verruch gebracht haben. Ohne diesen wäre das Werk Le Corbusiers und anderer bedeutender Architekten nicht denkbar. Daß eine qualitativ einwandfreie Bauausführung in diesem Material möglich ist, beweisen viele Beispiele in der Schweiz, in Frankreich, Italien und anderswo. Aber auch in Deutschland kenne ich eine ganze Reihe einwandfreier Bauten in Beton, speziell in München, im Raum Stuttgart, in Köln – der Flughafen Köln-Wahn wäre solch ein Beispiel.

Als ich Ihnen für das Grundstück Bismarckstraße den plastisch ausgeformten, terrassierten Betonbau vorschlug, der sich meines Erachtens am glücklichsten in die vorgegebene landschaftliche Situation einordnet, ja mit seinen bewachsenen Terrassen Teil dieser Landschaft werden sollte, ging ich davon aus, daß die Oberfläche des Betons von eben der Qualität der mir bekannten Beispiele sein würde. Daß dies nicht die billigste Art zu bauen ist, war uns beiden klar, aber ich hielt sie, und darin folgten Sie mir, in dieser landschaftlichen Situation für außerordentlich angemessen. Sicher hätte man an einen Mauerwerksbau oder gar an eine Natursteinverkleidung denken können. Aber das hätte logischerweise eine aus dem anderen Material und seinen konstruktiven Voraussetzungen entwickelte andere Baufigur ergeben. Dennoch bin ich Ihrer Frage nachgegangen, ob durch eine Werksteinverkleidung, etwa in Granit, der angestrebte Qualitätsanspruch befriedigt werden könnte. Dies wäre, meine ich, theoretisch denkbar, würde aber einen ungeheuren Aufwand erfordern, weil man nicht Teile durch solche Verkleidung bessern kann, wie etwa die mißlungenen Giebelwände, ohne beispielsweise dann auch die Treppen in Granit zu fassen, die sonst neben den Granitwänden grob und unfertig aussähen. Und so geht es von Detail zu Detail. Gemeint war ein Haus aus einem Guß – aber der Guß ist in vielen Teilen mißraten. Ein mißratener Guß einer Bronzeplastik wird eingeschmolzen und erneut versucht. Bei einem Haus ist das schwieriger – man muß sich unter Umständen damit abfinden und über den Minderwert verständigen, der groß sein kann.

Schnelle Abhilfen, Verkleidungen, Kaschierungen sind selten befriedigende Alternativen. Sie wissen, wie ungern ich dem Verputzen der Wandschotten im Innern der Wohnungen zugestimmt habe, obwohl mir angesichts der Betonoberfläche keine andere Wahl zu bleiben schien. Der Putz löste, obwohl er den angestrebten Charakter der Wohnungen verfälschte, scheinbar das dringendste Problem. Doch alle Details waren auf einen unverputzten Bau angelegt. So z. B. die Stahlblenden und die Stahlwangen der Treppen, die frei vor dem Beton verlaufend sich ohne Schaden bewegen konnten. Nun aber, eingeputzt – was nicht vorgesehen war – verursacht ihre Bewegung Risse im Putz, Mörtelkrümel auf den Treppen und somit Ärger bei den Mietern. Ich will damit sagen, daß nachträgliche „Schönheitskorrekturen", die Charakter und Struktur verändern oder kaschieren sollen, häufig auch zu technischen Mißgeburten führen, an denen man dann später herumzudoktern hat. Die Berliner Prozellanmanufaktur handelt mit Geschirr erster und zweiter Wahl. (Ähnlich tun es die Ziegeleien.) In der Herstellung war immer erste Qualität angestrebt. Aber wenn es nicht gelang, wurde nichts verkleistert, sondern der Preis herabgesetzt.

Vielleicht wäre eine solche Betrachtung der Dinge ein Weg, wieder Häuser erster Wahl zu erreichen.

... was wir hier mit und in unserer Stadt tun

Vortrag zu den Berliner Bauwochen 1967

Meine Damen und Herren

Nachdem es mir bedauerlicherweise nicht gelungen ist, vor Drucklegung der Kongreßpapiere ein Konzept einzureichen, wofür ich um Vergebung bitte, bin ich jetzt in der peinlichen Verlegenheit, gleich mit zwei Konzepten vor Ihnen zu stehen – immer noch ein wenig unschlüssig, nach welchem ich greifen soll.

Das eine versucht mit mir kaum eigener Systematik Ursachen und Probleme der anstehenden Stadterneuerung in geordneter und übersehbarer Form darzubieten; das andere enthält einige Gedanken, die mir beim Verzicht auf eben diese Systematik gekommen sind.

Das erste Manuskript endet mit dem Satz:

Die Stadt von morgen wird der Stadt von heute nicht unähnlich sein – und das ist gut so –

das zweite Manuskript könnte mit dem Satz beginnen:

der Bürger von morgen darf dem Bürger von heute nur noch ähnlich sein – und das ist gut so. Er soll frei sein von Furcht, ob er schwarz oder weiß ist, und frei sein von Terror, und er soll entscheiden dürfen, wofür er seine Freiheit braucht – wie ich in diesem Augenblick, indem ich doch lieber das erste Konzept als Arbeitspapier zur Verfügung stelle und für jetzt nach dem zweiten greife.

Ich wollte eigentlich die Frage aufwerfen: can cities survive urban renewal? Eine Frage, die berechtigt erscheint, wenn man sieht, wie alte Bausubstanz – Gefäß vielfältigen Lebens, immer ist es die Altstadt, die den Fremden anlockt – abgerissen wird und einer neuen Ordnung Platz macht, wo häufig mit der so teuer erkämpften Hygiene die Langeweile einzieht, wo alles Geheimnis städtischen Lebens mit der Erneuerung für immer verbannt zu sein scheint.

Ich denke an Chicago, aber auch an manche Stadt in Deutschland – Potsdam ist so zugerichtet wie Frankfurt – Dresden wie Teile von Hamburg oder Berlin. Die saubere Scheidung von Arbeit und Wohnen, von Verkehr und Erholung – die rührende Revolution der zwanziger Jahre – ihr Manifest „Die Charta von Athen" ist beinahe Wort für Wort Gesetz geworden, hat eine unerwartete Gegenreaktion ausgelöst, die fast heißen könnte „rettet den Slum". Das ist natürlich nicht wörtlich gemeint. Keiner will den Slum, es geht vielmehr um die Vielschichtigkeit der Nutzung, die Verflochtenheit der Vorgänge, das Geheimnis der Stadt. Es ist inzwischen deutlich geworden, daß der Gewinn all der begehrenswerten Güter, die seit Ebenezer Howards Gartenstadtbewegung und Corbus Charta von Athen immer wieder gefordert wurden und dank der Hilfe einsichtiger Gesetzgeber, Siedlungsgesellschaften und Planungsämter vielerorts endlich Wirklichkeit sind, – daß der Gewinn dieser schönen Wohn- und Arbeitswelt gekoppelt ist mit einem ungeheuren Verlust an Farbigkeit, Dichte, Vitalität des Städtischen schlechthin. Mit dem Sieg der planenden Vernunft, die überall am Werk ist – so klagen Lewis Mumfort, Jane Jacobs, Alexander Mitscherlich und in Berlin Wolf Jobst Siedler, um nur einige der Kassandrastimmen zu nennen, werde der Stadt langsam aber sicher der Garaus gemacht.

Haben wir vielleicht schon zuviel aufgelockert und durchgrünt, zerlegt und zergliedert, Funktionen getrennt um des Funktionierens der Einzelheiten willen? Kann man angesichts einiger Resultate vielleicht behaupten: Die Stadt ist überhaupt erst Stadt, wenn sie zu bestimmten Zeiten des Tages nicht mehr funktioniert, wenn sie überfordert bleibt?

Der Stadtplaner ist als Sündenbock plötzlich ins Kreuzfeuer der Kritik geraten. Dabei ist er doch nur mit viel Idealismus daran gegangen, im Auftrage der Gesellschaft alles schön zu ordnen, die „beste aller Welten" zu realisieren. Was wollen wir eigentlich? Im Grünen wohnen? Mit dem Garten am Haus für die Kinder, aber wenn's geht zwei Minuten vom Kurfürstendamm. Wir wollen die Dichte in landschaftlich herrlicher Lage, den Broadway mit Blick auf den Golf von Neapel – Rousseau mit Gottfried Benn, und möglichst für eine Mark und fünfzig pro Quadratmeter Wohnung. Und wir gehen mit Eifer daran, Konzepte zu suchen, die das scheinbar Unvereinbare vereinen. Wir suchen technische Lösungen für die erkannten Teilprobleme: industrielle Fertigung für die billige Wohnung, Schnellstraßen für Autos, U-Bahnen für den Berufsverkehr und 4 Quadratmeter Grün pro Person, damit die Person gesund bleibt.

Wir suchen Leitbilder – eine Art Kochbuch: Cities und how to do them! Wir sagen maximal 400 Personen per ha, damit die Schulen und das Grün, die Autos und die Kinder Platz haben. Wir setzen Normen, Forderungen, kurz: „Städtebaurichtlinien", die ein, wie wir glauben, optimales Gleichgewicht der Interessen und Bedürfnisse garantieren: Wohnbauflächen, Gewerbeflächen, Grünflächen, Platz für den Gemeinbedarf, Straßenraum für den Verkehr. Wir hoffen, daß sich mit einer vernünftigen quantitativen Ordnung die Qualität von selbst einstellt. Aber machen wir mit unserer fröhlichen Wissenschaft nicht die Rechnung ohne den Wirt – sozusagen die Stadt ohne den Städter?

Was ist, zum Beispiel, optimale Dichte (Wo? In Lappland oder in Manhatten?). Im heutigen Paris – Marcuse hat darauf hingewiesen – leben 37 000 Menschen auf einem Quadratkilometer, im alten Rom waren es 80 000. War das alte Rom falsch geplant?

Hätten die Römer lieber in einem antiken Stevenage oder in Harlow-New Town gelebt – als Trabanten einer Trabantenstadt? Warum wächst London immer noch – obwohl das Empire kleiner geworden ist? Warum blühen dort die Künste? Warum regenerieren sich die zahllosen Reihen der Terrace houses um die ungezählten stillen Plätze inmitten der Weltstadt? Haschisch und die Rolling Stones sind allein keine Antwort. Aber vielleicht das unglaubliche Maß an Liberalität und Gelassenheit, das Filme wie „blow up", die Carnaby Street und den Beat erträgt.

Für diesen Kongreß ist eine erfreuliche Fülle von Material eingegangen, in dem die Stadterneuerung unter verschiedenen Aspekten wie Wohnen, Verkehr, Gewerbe, Denkmalpflege usw. untersucht ist. Gegenstand jedes dieser Arbeitspapiere ist nicht die Stadterneuerung schlechthin, sondern die Erneuerung bestimmter Bereiche bestimmter Städte. Die Stadt an sich gibt es nicht, aber es gibt Städte, die Probleme haben. Es gibt Warschau und Singapore, Hongkong und Chicago, Neu Delhi und andere wie Berlin oder Stockholm. Und es gibt sehr individuelle Wege der Erneuerung. Warschau hat den im Krieg zerstörten alten Markt – vielleicht 500 Jahre Geschichte – Stein für Stein wieder aufgebaut, weil, so sagte uns einer seiner Planer, Warschau es sich nicht leisten könne, eine Stadt ohne Geschichte zu sein. Singapore will seinen historischen Kern niederreißen – so sagt das Arbeitspapier – weil es das „New York von Malaysia" werden will. In Peking sind der Kaiserpalast und die Kaiserlichen Gärten besser gepflegt als irgendein Wohnquartier. In Berlin wurde 1950 das Stadtschloß, der wohl bedeutendste Bau des Norddeutschen Barock, abgerissen, um einer Tribüne für Aufmärsche und Paraden Platz zu machen.

Ich teile dies mit, nicht um eine Polemik über Gesellschaftssysteme und Ziele der Stadtplanung zu entfachen, sondern um aufzuzeigen, daß jede Stadt mit ihrer Geschichte und ihrer Hoffnung auf Zukunft ein Individuum ist. Die Geschichte einer Stadt hat ihr heutiges Gesicht geprägt – sei es mit Kathedralen oder Slums, Schlössern oder Bombentrichtern. Unser heutiges Tun, das morgen Geschichte ist, wird die Physiognomie der Stadt erneut verändern. In welchem Geiste aber diese Veränderung geschehen wird, entscheidet nicht allein der viel geschmähte Planer, sondern die Gesellschaft und das in ihr wirkende vielschichtige, oft undurchschaubare Geflecht von Kräften und Interessen. Alles Gebaute ist nicht nur Gehäuse für einen bestimmten Zweck oder Inhalt, sondern ist zugleich immer Selbstdarstellung der Gesellschaft – und damit Abbild des gesellschaftlichen Zustandes. Das gilt nicht nur für das Gebaute, sondern ebenso für die entgegengesetzte Entscheidung, nämlich für den Abriß von Gebäuden oder die Zerstörung der Gebäudephysionomie. Eines der vielleicht entscheidenden Kriterien dafür, ob wir es mit einer Stadt oder bloß mit Menschen- und Gebäudeanhäufungen zu tun haben (Despotopalos hat den Begriff der Scheinstadt geprägt), ist die Frage, ob sich die Gesellschaft, d. h. ob sich der Bürger mit seiner Stadt identifiziert oder nicht. Ich darf an die Worte von Jakob Burckhardt erinnern, der sagt:

„Denn Städte, solange sie diesen hohen Namen verdienen und nicht bloße Menschenaufhäufungen sind, bleiben immer Individuen mit so ausgeprägten Zügen, daß jeder einzelne ihrer Angehörigen immer an diesen gemeinsamen Zügen erkennbar ist."

Erkennbar aber ist nur das Unverwechselbare.

Wir machen den Gestaltverlust der gesellschaftlichen Ordnung, den die sprunghafte Entwicklung zur Industriewelt im Gefolge hatte, für die Ungestalt der Städte, die uns heute Sorgen bereiten, verantwortlich.

Die Massengesellschaft erzeugte das unübersehbare Massenquartier mit all seinen bekannten Mißständen. Der Bewohner solcher Umwelt sah natürlich keine Veranlassung, sich mit dieser Art von Stadt zu identifizieren. Wenn wir heute wieder einigen solcher Quartiere einen gewissen Reiz abgewinnen, wenn melancholische Abgesänge auf Stuck und Putte durch die Presse geistern, sind diese Quartiere damit nicht besser geworden. Diese späte Liebe beweist nur, wie deutlich die Gesichtslosigkeit vieler Neubaugebiete empfunden wird, obwohl sie im Sinne der Reform von gestern viel Positives aufweisen: Wohnruhe, Grünanlagen, Licht, Luft und Sonne, nur nicht den flair des Städtischen – und vielleicht auch kaum die Möglichkeit der Identifikation. Aber vielleicht muß man abwarten, bis die

Bäume groß geworden sind. Die neue Liebe zu Putte und Stuck beweist auch, wie sehr die Stadt der historischen Substanz bedarf. Die Stationen ihres Werdens müssen sichtbar bleiben.

Aber dennoch muß deutlich gesagt werden, daß die Stadt kein Museum ist und kein Bild, sondern Organ und Gefäß vielfältigen Lebens, ein immerwährender Prozeß und kein Endzustand.

Wir wissen, und es wird immer wieder bei Anlässen wie dem heutigen gesagt, daß in den vor uns liegenden Jahrzehnten ein Bauvolumen zu bewältigen sei, das quantitativ alles übertrifft, was in den vergangenen fünftausend Jahren Menschheitsgeschichte je gebaut wurde. Den Architekten sollte diese Aussicht fröhlich stimmen – aber ich muß gestehen: mich erschreckt der Gedanke, daß es so sein könnte, und sicher ist es so. Wir stehen angesichts der erforderlichen Massenproduktion an Bauten vor bisher unbekannten organisatorischen, aber auch geistigen Problemen.

Kongresse wie dieser dienen dem Erfahrungsaustausch und im weitesten Sinne der Meinungsbildung. Was sollen wir tun? Wie können wir die bekannten Fehler der „Gründerjahre", jenes Baubooms der ersten industriellen Revolution, vermeiden?

Es wird immer wieder darauf hingewiesen, daß neue Wege des Managements, neue Methoden der Planung und neue Techniken der Realisation gefunden werden müßten; daß sich auch das Berufsbild des Planers wie das des Architekten grundlegend wandeln müsse. Nicht mehr der seiner eigenen Welt und Vorstellung verpflichtete „Künstler" sei am Platze, sondern der Teamgenosse, der hochspezialisierte Fachmann, der neben anderen hochspezialisierten Fachmännern computergewohnt als echter Partner des Fortschritts die Zukunft bewältigt. Sicher ist viel Wahres an dieser Forderung, anders ist weder die Programmierung noch die technische Bewältigung der anstehenden Aufgaben denkbar.

Aber im Grunde genommen ist diese neue Arbeitsweise kaum neu, zumindest in der Industrie und im militärischen Bereich wird ähnliches seit langem praktiziert. Wir haben nur Methoden, die sich bereits bewährt haben, zu übernehmen und unserem Tun anzupassen und nutzbar zu machen. Aber dürfen wir annehmen, daß die noch zu findende neue Methode auch Genie entfalten wird, jene magische Kraft, die die rechte Gestalt findet für die vielerlei Inhalte? Skepsis äußert sich gern im Witzwort. Sie kennen die amerikanische Scherzfrage: „What is a camel? und die Antwort: a camel is a horse designed by a committee!"

Mir fällt bei dieser Fragestellung eine Begebenheit ein, die sich vor etwa zehn Jahren in Ulm in der Hochschule für Gestaltung abspielte.

Max Bill, damals Leiter der Schule, entwickelte an der Wandtafel vor den staunenden Besuchern (Mitglieder des Schweizerischen und Süddeutschen Werkbundes) seine Erfindung (ich glaube, er nannte sie Parametersystem) zur Erzeugung fehlerfreier Kunst nach wissenschaftlicher Methode, die, wie er sagte, in der Industrie seit langem üblich sei ...

Plötzlich erhob sich etwas erregt ein Herr, der sich als Elektriker vorstellte und – wie man später erfuhr, Fachmann für Computertechnik war – und widersprach heftig. Die Industrie habe jene vermeintlich wissenschaftliche Methode längst verlassen und vertraue zum guten Teil auf das, was man Intuition oder Ingenium nennen könnte. Natürlich sei immer Erfahrung dabei. Um eine Brücke zu bauen, würde man nicht den ganzen denkbaren Katalog von Möglichkeiten untersuchen, sondern sich den zwei oder drei wahrscheinlich besten Lösungen zuwenden. Er fügte eine Geschichte an, die ich hier wiedergeben will. Und die war so:

Ein Mann geht durch die Stadt, auf der Straße findet er ein Blatt Papier. Auf dem Papier steht ein Gedicht – ein Sonett. Er denkt, ein Dichter hätte es geschrieben, ein Drucker gedruckt, ein Lesender verloren. Aber es könnte auch anders sein, sagte er. Der Dichter kann in der Geschichte wegfallen. Auch der Computer kann Sonette machen. Man müsse nur die richtige Kombination einstellen, zweimal vier Zeilen, zweimal drei Zeilen, die gewünschte Zahl Buchstaben pro Zeile festlegen mit allen Variationsmöglichkeiten. Dann könne man bei entsprechender Geduld alle Sonette dieser Erde erzeugen. Das Problem sei lediglich die Notwendigkeit, das

Brauchbare aus dem Unbrauchbaren herauszufinden. Wenn man nur ein Sonett erzeugen wolle, und hier griff er zum Rechenschieber, erhielte man so viel bedruckten Papieres, daß Tausende von Menschen Hunderte von Jahren sortieren müßten, um es aufzufinden. Und dies wiederum, so sagte er, hielte er für unwirtschaftlich und fände es besser, sich auf den Dichter zu verlassen.

Diese Geschichte hat mir nicht nur Spaß gemacht, weil sie unseren Glauben an Wissenschaft und Technik als Wundermittel dämpfte – sondern weil gerade ein Mann der Technik, der Forschung, der Teamarbeit die Rolle des Einzelnen – des Genies, wenn Sie wollen, sagen wir des Individuums, für die Gesellschaft klarstellte. Die Stadt aus der Retorte kann ich mir nicht vorstellen. Die meint auch niemand von uns. Allenfalls die Normküche – das optimale Badezimmer, vielleicht den Typengrundriß für eine Wohnung für einen vermeintlichen Normalbürger mit Frau und Kind. Kurz, Einzelemente, aus denen man Städte macht. Woher aber weht der Geist, der Städte erstehen und wiedererstehen und andere verdorren läßt? Stadtinhalte wachsen auf anderem Boden, entstehen aus Erfindung und Idee, Not und Notwendigkeit. Bei Laotse steht: „Aus Wänden und Fenstern macht man Häuser, aber das Leere zwischen den Wänden wirkt das Wesen des Hauses."

Immer wieder werden die Begriffe Freiheit und Stadt zusammen genannt.

„Stadtluft macht frei", dieses vielzitierte Wort hat seinen Ursprung in der Zeit der Leibeigenschaft, als es sich an den Menschen erwies, denen es gelang, in die Stadt zu ziehen und hier Bürgerrechte zu erwerben. Athen gilt als die Wiege des zoon politikon, des freien Stadtbürgers, dessen Gemeinsinn die Stadt als Geistraum begreift und für sie wirkt. Der gegenwärtige Zustand vieler Städte zeigt aber, daß diese bürgerliche Freiheit kein Glück ist, das man hat, kein Geschenk, sondern eine immerwährende Aufgabe, die wir dem anderen gegenüber erfüllen müssen.

Rosa Luxemburg hat gesagt: „Demokratie ist die Freiheit des

Andersdenkenden", ist also die Freiheit, die wir gewähren und nicht nur die, die wir genießen. Stadtluft macht frei, heißt:

Wo anders als in den Städten sollten die Revolutionen beginnen. Ich meine nicht Mord und Totschlag – sondern die Revolutionen des Denkens, die morgen Reform, d. h. Wohltat sein können zum Wohle der erstaunten, gerade geschlafen habenden Menge. Stadtluft macht frei, heißt auch, daß die Utopisten des Städtebaues genauso wie die Teufel unter den Studenten in unserer Gesellschaft Raum haben müssen – ich möchte sagen, Spielraum haben müssen.

Vielleicht tragen sie eine Botschaft, die uns alle angeht, schon morgen angeht. Wir reden von Zuwachs an Freizeit – von höherer Lebenserwartung – und denken insgeheim an Bolzplätze für die Opas, die nun länger leben müssen. Aber wir denken zu wenig an den wirklichen, den geistigen Spielraum in unserer Gesellschaft. Denn eigentlich hoffen wir doch, daß der homo sapiens, wie wir ihn heute kennen, dieser Experte, der so vieles weiß, entwicklungsfähig genug ist, ein, wie mir scheint weiserer, homo ludens zu werden.

Meine Damen und Herren, ich sage dies nicht, um den Experten zu kränken oder seine Bedeutung zu schmälern, auch ich gehe zum Zahnarzt, wenn es soweit ist, und bin dankbar, daß es kein Medizinmann mehr ist. Ohne die Differenzierung der Wissenschaft, ohne höchste Spezialisierung ist unsere Welt nicht mehr bewohnbar. Inzwischen weiß jeder, daß die großen vor uns liegenden Aufgaben nur in gemeinsamer Anstrengung aller Beteiligten gelöst werden können. Je komplexer die Aufgabe gesehen wird, umso wahrscheinlicher ist die Aussicht auf Erfolg. Dafür gibt es bereits gute Beispiele. Die Technik, und zwar eine ständig weiter zu entwickelnde Technik, ist das unentbehrliche Instrument zur Bewältigung der Aufgabe. Diese Aufgabe aber ist nicht nur die Brücke oder der Straßenknoten, das Hochhaus oder die Schule, sondern immer wieder der Mensch, dem all diese Dinge dienen, und seine Stadt, in der er lebt. Das klingt banal, aber es ist so, und ich glaube, daß wir uns das nicht oft genug in Erinnerung rufen.

Ich freue mich, daß dieser Kongreß in Berlin tagt – wir haben zwar nichts so Geschichtsträchtiges zu zeigen wie Paris oder London – nichts so Spektakuläres wie Tokio oder zur Zeit Montreal. In Berlin werden kleinere Brötchen gebacken. Hier riecht es nach Kiefernwald und Wasser. Rund um die Stadt werden Kartoffeln und Spargel angebaut. Am Ende jeder Straße, die nach Norden führt, spürt man die Ostsee. Vor knapp 200 Jahren sprach ein Drittel der Bewohner dieser Stadt französisch und lernte mühsam deutsch, Hugenotten, die hier Religionsfreiheit suchten und fanden, und im Telefonbuch wimmelt es von polnisch klingenden Namen.

Heute ist diese Stadt wie im Mittelalter von einer Mauer umgeben und muß versuchen, das Glück ihrer Bürger auf engem Raum zu ermöglichen. Und diese Bürger freuen sich, daß Mies van der Rohe das Museum am Kemperplatz baut, sind stolz auf den Saal der Philharmonie, sie schimpfen auf die neuen Siedlungen, und die da wohnen, wohnen gern darin. Sie rasen über die Stadtautobahn, weil diese einen Hauch von Ferne und ein Gefühl der Weite gibt, der Weite, die diese Stadt von jeher ausgezeichnet hat.

Wir bauen heute und hier. Nicht nur die Zeit, in die der Mensch gestellt ist, auch der Ort ist Schicksal.

In all den Dingen, die wir hier bauen – hic et nunc – in unserer Gegenwart und für unsere Gegenwart, äußert sich zugleich unser Vertrauen in die Zukunft dieser Stadt. Und wir hoffen auf eine gute Zukunft in einer besseren Welt, an der wir mitarbeiten wollen.

Wir freuen uns, daß Sie zu uns gekommen sind, und freuen uns darauf, Ihnen einiges von dem zu zeigen, was wir hier mit und in unserer Stadt tun. Heine sagt zwar: „Berlin ist gar keine Stadt, sondern Berlin gibt bloß den Ort dazu her, wo sich eine Menge Menschen – und zwar darunter viele Menschen von Geist – versammeln, denen der Ort ganz gleichgültig ist, diese bilden das geistige Berlin", aber ich glaube, Berlin ist seit Heine einer Stadt doch ähnlicher geworden.

Ich wünsche dem Kongreß einen guten Erfolg und danke Ihnen.